AF339662

ORAISON FUNÈBRE

DE

M. L'ABBÉ FRAYHIER,

CURÉ DE BAUME-LES-DAMES,

PRONONCÉE DANS L'ÉGLISE PAROISSIALE DE CETTE VILLE,

Le 28 novembre 1870,

PAR

M. L'ABBÉ BESSON.

Prix, 25 centimes.

SE VEND AU PROFIT DES PRISONNIERS DE L'ARMÉE FRANÇAISE.

BESANÇON,

IMPRIMERIE ET LITHOGRAPHIE DE J. JACQUIN,

Grande-Rue, 14, à la Vieille-Intendance.

1870.

ORAISON FUNÈBRE DE M. L'ABBÉ FRAYHIER,

CURÉ DE BAUME-LES-DAMES

Ingredientur tabernaculum fœderis, ut serviant mihi pro Israel, et orent pro eis, ne sit in populo plaga.

Les prêtres entreront dans le tabernacle de l'alliance; là, dit le Seigneur, ils me serviront au nom d'Israël, ils prieront pour le peuple et ils détourneront de lui les coups et les fléaux.　　　　　　　　　(*Num.*, XVIII.)

Il y a vingt-quatre ans, un prêtre selon le cœur de Dieu est venu vérifier cette parole de l'Ecriture en prenant possession de cette église pour la gloire du Seigneur qui l'envoyait, et pour le salut de tout le troupeau dont il était le pasteur. Aujourd'hui, ce n'est plus ici que nos yeux doivent le chercher. Il est entré dans les tabernacles de l'alliance éternelle; mais là encore il sert Dieu, là il prie pour le peuple, là il s'efforce d'apaiser la colère céleste et de détourner de vos têtes les coups et les fléaux. Pendant qu'il continue ce ministère de miséricorde, la reconnaissance nous fait à nous-mêmes un devoir de prier pour son âme. Ne soyez donc point surpris que ce clergé, ces fidèles, toute cette contrée, s'assemblent pour venir rendre les derniers hommages à ce tombeau. C'est un deuil paroissial que nous portons au milieu du deuil de la patrie; c'est un pasteur et un père que nous pleurons au milieu des larmes que la patrie verse sur ses soldats et ses enfants.

J'ai accepté d'interpréter vos regrets et de vous retracer, dans une rapide esquisse, le caractère et la vie de M. l'abbé Frayhier, heureux si je pouvais remplir ainsi les ordres de Mgr le cardinal archevêque de Besançon, les vœux de tout le clergé diocésain, le pieux désir de cette paroisse, mes devoirs personnels de reconnaissance, et surtout les intentions du pasteur qui vous gouverne aujourd'hui. En entrant à son tour dans cette église pour servir Dieu et sauver le peuple, votre nouveau curé jette les yeux sur celui qui l'a précédé, il se rappelle les marques d'estime et d'amitié qu'il en a reçues, il lui demande encore la main et il forme avec lui une sainte alliance pour détourner, d'un commun accord, les coups et les fléaux qui vous menacent. Et nous, leur ami et le vôtre, c'est dans tous ces sentiments que nous voulons entrer en prononçant cette oraison funèbre. Accordez-moi d'une manière toute spéciale, non pas l'attention de votre piété, si bien acquise à un tel sujet, mais l'indulgence de votre amitié, si nécessaire à un orateur dans des circonstances douloureuses où la voix n'a plus que des prières et des gémissements.

M. l'abbé Frayhier appartenait par son âge aux premières années de notre siècle, par sa naissance à la ville de Faucogney, par les traditions de tous les siens à ces races généreuses aussi vieilles que le granit des Vosges, et qui servent si bien, dans ces montagnes célèbres, leur patrie et leur Dieu (¹). Saluons d'ici la cité chrétienne qui fut son berceau et le souvenir de sa pieuse mère. Enfant de saint Martin, il apprit de bonne heure à honorer l'illustre thaumaturge qui a évangélisé tous les hauts lieux de notre province, et dont il devait retrouver à Baume le culte et les traces. Il grandissait au milieu du travail et des privations, dans une humble demeure, dans une famille nombreuse où les soins intelligents d'une femme tendre et forte développèrent en lui toutes les qualités d'une heureuse nature. Cette mère devenue veuve avait trouvé dans un second époux un appui pour ses enfants. Nous ferons d'elle un assez bel éloge en ajoutant qu'elle sut les rendre plus chers encore à ce cœur adoptif, qu'ils ne l'étaient eux-mêmes à son propre cœur. Merveilleuse habileté, qui augmenta leur reconnaissance et qui peut être proposée comme un noble et touchant exemple. Ce fut encore un trait de son génie maternel d'avoir deviné la vocation ecclésiastique de son cher Louis. Au feu qui s'allumait dans ses regards, au goût prononcé qu'il témoignait pour les choses saintes, à l'aptitude précoce qu'il montrait pour tout bon savoir, elle pressentit un prêtre et voua au Seigneur le jeune Samuel. L'enfant avait été le premier à l'école de sa ville natale; il garda son rang au séminaire de Luxeuil, parmi les jeunes gens venus de tous les points de la province dans cette nouvelle pépinière du sacerdoce, où M. Guerrin enseignait la rhétorique et M. Blanc la philosophie. Chaque année ajoutait à ses couronnes, à ses mérites, aux grandes espérances que l'on com-

____

(1) Louis-Ambroise-Zacharie Frayhier naquit à Faucogney, le 14 mars 1807.

mençait à placer en lui. La théologie agrandit encore les horizons ouverts à son âme. Ce fut dans l'étude de cette science reine et maîtresse, qu'il parut avec toute l'ardeur et toute la force de son talent. L'école de Besançon le signala pendant quatre ans au nombre de ses plus rudes jouteurs, dans un temps où elle comptait encore près de quatre cents élèves. D'habiles rivaux lui disputaient les prix des concours, mais la palme restait presque toujours dans sa main, tant il y avait de grâce dans sa parole et de noblesse dans son maintien, tant il montrait de puissance à saisir une question, d'habileté et de justesse à en faire voir les différentes faces, d'autorité à poser, à soutenir, à démontrer jusqu'à l'évidence les conclusions de sa thèse. C'était déjà un orateur, mais un orateur comme les anciens voulaient l'élever, c'est-à-dire accoutumé à puiser ses preuves aux plus hautes sources de la théologie et de la dialectique. M. Gousset et M. Blanc, qui l'avaient formé, jouissaient plus que personne de sa renommée naissante. Ils avaient entendu M. Loye, si bon juge en pareille matière, dire du jeune argumentateur, au sortir de la lutte : « Voilà un maître; au lieu de descendre de la chaire, il devrait y rester. »

Ne quittons pas le séminaire de Besançon sans avoir payé aussi un tribut de reconnaissance à M. l'abbé Courtois, l'un des directeurs les plus célèbres de cette illustre et sainte maison. Il distingua M. Frayhier entre tous les ecclésiastiques dont il possédait la confiance, il voulut s'en faire un disciple et il l'admit dans son intimité, si difficile à conquérir, si honorable pour ceux qui l'obtenaient. Le disciple chéri du séminaire est devenu l'ami fidèle et dévoué de tout le reste de sa vie. Le maître et l'élève n'eurent plus désormais qu'un cœur et qu'une âme.

Ses études finies, M. l'abbé Frayhier était trop jeune encore pour recevoir les ordres sacrés; il était déjà assez expérimenté et assez habile pour gouverner les autres. Le séminaire de Luxeuil réclama et obtint les prémices de son ministère. Il y revint avec le titre de professeur, et il y retrouva l'affection de toute la maison. Un an après, Mgr de Rohan, qui venait de l'élever au sous-diaconat (1), le rappelle à Besançon et le nomme à une place de chapelain dans cette école de hautes études deux fois formée par ses soins, deux fois dispersée par les événements, la première après la révolution de juillet, la seconde après la mort à jamais regrettable de l'illustre prélat. Cette école, qui n'a pas vécu deux ans, a

____

(1) Le 4 avril 1829. — Il avait reçu la tonsure de Mgr de Villefrancon le 21 mars 1826, et les moindres des mains de Mgr de Boiville, évêque de Dijon, le 20 octobre 1828. Mgr de Rohan lui donna le diaconat le 19 septembre 1829 et la prêtrise le 10 avril 1830.

donné à l'Eglise des évêques, des vicaires généraux, des curés, des orateurs et des apologistes du premier mérite : c'est assez dire qu'elle méritait de vivre toujours (1). Sur les seize élèves qu'elle a produits, vous lui devez deux curés, M. Grivet et M. Frayhier. Rendons-en grâces à la sainte perspicacité de nos archevêques : l'un les avait devinés du même coup, l'autre les a appelés à se succéder dans cette église. Dieu, qui a dirigé leur regard et inspiré leur choix, a témoigné ainsi à vos âmes les plus nobles et les plus paternelles attentions.

Suivez maintenant M. Frayhier dans les débuts du saint ministère. Vicaire à Vesoul dès 1830, il y prend, il y exerce à son insu, malgré sa jeunesse, sur le peuple, sur le clergé, sur son vénérable curé lui-même qui ne s'en défendait pas, une sorte d'ascendant encore plus utile aux autres que flatteur pour lui-même. Ne redoutez rien pour sa modestie. L'hommage rendu au vrai mérite ne sert qu'à l'encourager, bien loin de le perdre. On sentait que la religion avait dans le jeune et brillant vicaire un défenseur capable de tenir tête aux plus hardis et de déconcerter les plus habiles. Il entrait dans un monde encore tout rempli des préjugés et des ignorances du xviiie siècle, mais ce monde compta de bonne heure avec lui. Il réussit auprès des uns par sa science, auprès des autres par son esprit et ses manières agréables, il eut bientôt acquis auprès de tout le monde l'autorité d'une vie laborieuse, dévouée, pleine de bonnes œuvres, confirmée par une parole qui était naturellement empreinte d'une rare distinction et d'une imposante dignité. Vous l'avez vu dans cette chaire, et vous avez joui de cette parole à la fois correcte, abondante, imagée, pleine de mouvements et de grandeur : c'était l'éloquence avec toutes ses ressources et tous ses attraits, le jeu de la physionomie, la haute taille, la fière contenance, la voix souple, variée, étendue, le geste quelquefois rapide, plus souvent contenu, toujours grave et majestueux, et, ce qui est plus rare, l'ordre et l'enchaînement des plus nobles pensées, le ton, l'accent et la couleur du meilleur style.

(1) Voici les noms des 16 élèves des hautes études : En 1830 : MM. Mabile, aujourd'hui évêque de Versailles ; Barthélemy, chanoine de Reims, auteur de la *Vie de Jeanne d'Arc* ; Grivet, ancien curé de Baume, mort curé de Notre-Dame de Besançon ; Frayhier, curé de Baume ; Oudet, aumônier de l'hôpital Saint-Jacques, nommé curé de Vesoul ; Gainet, chanoine de Reims, auteur de *la Bible sans la Bible.*

En 1832 : MM. de Bonnechose, aujourd'hui cardinal archevêque de Rouen ; Déchamps, jésuite et missionnaire ; Guyard et Légain, vicaires généraux de Mgr de Montauban ; Poirot, mort aumônier du collége de Vesoul ; Sauvage, mort curé de Villersexel; Chapuis, curé de Goux-lez-Usiers ; Liégeon, curé de Gray ; Véjux, décédé dans l'année même, avant d'avoir reçu la prêtrise.

Neuf ans passés dans l'apprentissage du saint ministère lui donnaient tous les titres à devenir le pasteur d'une paroisse. Celle de Dampierre-sur-Salon lui échut en partage. Poste d'honneur autant que de travail, où la vigilance du sacerdoce était plus nécessaire que jamais, après la vieillesse et les infirmités d'un curé qui avait appartenu au clergé constitutionnel, et en qui des qualités honorables n'avaient pas pu effacer la tache de son origine. M. l'abbé Frayhier accepta cette charge non-seulement avec obéissance, mais en esprit de foi et avec un zèle tout ecclésiastique. Pendant que le monde s'étonnait qu'on eût fait de lui un curé de village, il se faisait un honneur de l'être, et il mettait un grand cœur au service d'un grand devoir. Avec la réserve naturelle à son caractère et la dignité particulière à sa personne, l'idée que l'on avait du prêtre se rehaussa dans toute la contrée, le respect du sacerdoce s'imposa aux riches qui l'avaient peut-être méconnu, la confiance aux pauvres, aux humbles femmes, aux malheureux, aux enfants, l'affection et la reconnaissance à toute la paroisse. Cette paroisse avait surtout besoin d'instruction, et l'esprit naturellement vif et prompt des habitants était comme une terre toute préparée pour la recevoir. M. l'abbé Frayhier se fit catéchiste et ne tarda pas à exceller dans cet art. On aimait, on recherchait, avec bien plus de plaisir encore que ses meilleurs sermons, des instructions familières qui se succédaient de quinzaine en quinzaine et qui formèrent à la longue une lumineuse exposition de toute la doctrine. La clarté de sa parole, la sûreté de ses décisions, l'intérêt des récits qu'il mêlait à l'enseignement dogmatique et moral, tout ce qui rend un catéchisme attachant et utile, se trouvait réuni dans ceux de Dampierre-sur-Salon. C'était l'honneur et l'entretien de tout le pays, et les étrangers qui assistaient à la messe paroissiale revenaient à la fois surpris et charmés d'avoir trouvé une telle parole.

Le bon curé ne borna pas là son zèle et ses soins. Il se fit maître d'école et, pour passer, comme il le disait, ses soirées d'hiver, on le vit enseigner le latin. Il appelait ces leçons données à des enfants des distractions agréables ; ces enfants les nomment encore dans leur reconnaissance les plus utiles leçons qu'ils aient jamais reçues. Mais ils recevaient sans y penser des leçons plus utiles encore. Ils apprenaient à connaître et à aimer le prêtre, en qui la crédulité ignorante ne voit trop souvent qu'un homme de métier. Ils formaient une génération nouvelle, plus éclairée que la précédente, plus accessible à l'influence du prêtre et plus docile à ses conseils. Cette heureuse influence se fait toujours sentir, et c'est à M. Frayhier que la reconnaissance publique se plaît à en rapporter le principal honneur.

✻

Ce n'était pas encore assez pour son activité intellectuelle. Le curé de Dampierre se fit comme le centre d'une conférence ecclésiastique, réunie chaque vendredi autour d'une table frugale, et dont les membres appartenaient aux presbytères du voisinage. Là, pourquoi ne le dirais-je pas? l'étude faisait seule les frais de la conversation, et l'amitié les charmes du repas. On s'entretenait tour à tour d'Ecriture sainte, de théologie, d'histoire ecclésiastique et profane, des questions pratiques d'hygiène et de médecine, du ministère paroissial et des relations avec l'autorité civile, en un mot de tout ce qui intéresse la vie publique et privée des pasteurs des âmes. L'ordre des matières était réglé d'avance, la discussion en était grave, sérieuse, approfondie ; on discutait, l'œil ouvert sur les erreurs du temps, l'oreille tendue aux bruits du monde, avec cette connaissance du siècle et des hommes qui est si nécessaire au prêtre pour le rapprocher du peuple et assurer à son ministère des fruits de grâce et de salut.

Telles étaient les occupations de M. Frayhier, tels étaient ses plaisirs. Nul n'a mieux connu que lui, nul n'a mieux fait goûter aux autres ces douceurs de l'amitié ecclésiastique dont les liens sont si nombreux et si forts dans le diocèse de Besançon. Il hésita à rompre ce doux commerce de confraternité et de voisinage , quand l'autorité ecclésiastique l'appela à la cure de Baume. Il hésita, mais tout le clergé au besoin eût accepté pour lui une tâche mieux faite pour son mérite et au delà de laquelle on pouvait lui prédire encore de plus hautes destinées.

La popularité de M. l'abbé Frayhier l'avait devancé à Baume et lui avait ouvert d'avance tous les cœurs. Heureux début qui ne s'est pas démenti un seul jour et qui lui a valu parmi vous vingt-quatre ans du ministère le plus facile, le plus doux, le plus fructueux pour les âmes ! Tout concourait à lui donner cette influence discrète qui ne s'irrite ni ne s'impose, mais qui n'en est que plus heureuse, plus longue et plus durable. Il était sûr que les fonctionnaires et les magistrats de la cité, loin de contrarier ses desseins, en préviendraient l'expression, en soutiendraient l'effort et en favoriseraient le succès. Qu'est-ce que l'autorité civile pouvait d'ailleurs redouter de lui? Qui lui reprocha jamais ou empiétement, ou zèle mal réglé, ou demande indiscrète? M. Frayhier savait attendre, et rien ne manqua à ses consolations. Il était venu à Baume comme pour y recueillir ce que d'autres avaient semé, pour voir s'établir et prospérer les œuvres chrétiennes que rêvait leur ambition pastorale. Je ne parle ni de l'achèvement du clocher, ni de l'acquisition d'un presbytère ; des œuvres plus importantes appellent notre attention. Les frères de la doctrine chrétienne ne pouvaient commencer dans cette paroisse le rude ministère de l'enseignement, malgré le legs de Mlle Bourdault : il leur manquait une maison d'école ; le curé ne la demandait qu'à Dieu, mais un homme de bien, M. Musnier, prévenu secrètement par ces grandes pensées que le Ciel envoie, devina ce désir et offrit sa propre demeure. Ainsi fut ouverte cette institution aujourd'hui si populaire, que la ville a adoptée, et qui est à ses yeux si agréable et si utile. La salle d'asile et les écoles de filles restaient à fonder, ce fut l'œuvre de M. Clément, cet autre homme de bien qui mérite la première place parmi vos bienfaiteurs. Vous lui devez cette maison vaste et commode qui abrite dans son enceinte tant de services d'éducation et d'enseignement appropriés à tous les besoins de la cité, et qui met dans un si grand relief le dévouement, la science et l'excellent esprit des religieuses ursulines. Associons à ces deux noms celui de M. Carpentier, puisque sa mémoire demeurera justement chère à notre église, à nos hospices, à notre bureau de bienfaisance, enrichis par ses libéralités. M. Carpentier fut pour votre pasteur plus qu'un paroissien d'un noble et utile exemple, plus qu'un maire justement honoré dans la ville et dans la province, ce fut un bon et fidèle ami.

Je ne cite que les morts, mais j'en appelle au témoignage de tous ceux qui m'écoutent et que la postérité reconnaissante associera aux premiers en racontant le bien qu'ils ont fait ensemble dans cette cité. Il était doux de vivre sous cette administration pastorale, il était facile à tous les dépositaires de l'autorité publique d'être avec un tel curé dans une communauté parfaite de pensées, de devoirs et de sentiments. Rien ne troubla cette heureuse harmonie, et ce sera dans l'histoire de Baume une des pages les plus belles et les plus touchantes. Mais il faut entrer plus avant encore dans la vie de M. l'abbé Frayhier. Ici votre mémoire aidera la mienne, vous vous représenterez tant de circonstances où son cœur de prêtre s'est ouvert et épanché vers vous, et où vous y avez puisé tant d'utiles conseils, tant de bonnes paroles, tant de vives lumières mêlées à de si douces consolations. Rappelez-vous le tribunal où il était si assidu et où il exerçait, soir et matin, avec une régularité si parfaite, son ministère de paix. Rappelez-vous ces journées employées tout entières dans les entretiens intimes où tant de mères lui ont confié leurs joies et surtout leurs douleurs, où tant de pères venaient lui demander conseil et protection pour leurs familles, où tant de pauvres ont reçu assistance dans leur détresse et dans leur abandon. Il aimait les malades et il leur portait chaque jour les consolations de sa présence. Il aimait les jeunes gens et il les aidait à se roidir contre le torrent, ou à remonter d'un pied ferme et rapide les abîmes du mal. Il aimait toute sa paroisse et il était profondément attaché à chacun de vous, comme à des amis ou à des enfants. Rien n'a pu l'arracher à sa ville bien-aimée. La cure de Vesoul lui fut offerte avec les plus vives et les plus gracieuses instances ; tout le rappelait sur le premier théâtre où s'étaient déployés ses talents, tout lui promettait un accueil flatteur ; il refusa avec la modestie la plus obstinée et, pourquoi ne le dirions-nous pas ? la plus habile. Son évêque n'ignorait pas qu'il obtiendrait tout de lui, une fois qu'il pourrait le voir et lui parler. M. Frayhier le savait bien, il voulut éviter ce moment décisif, déclina toute démarche et tout voyage, et mérita ainsi de demeurer au milieu de vous.

Cette affection qu'il vous portait, vous la lui avez rendue comme il convenait à votre caractère généreux, à votre grand cœur, à votre piété. Dieu l'a mise à l'épreuve en vous affligeant pendant plusieurs années par le spectacle que votre cher pasteur donna à cette paroisse et à ce diocèse, d'un déclin inattendu et d'une vieillesse prématurée. Dieu le frappa longtemps avant de le rappeler à lui. Il éteignit à moitié, dans cette âme d'élite, cette intelligence si lumineuse ; il paralysa sur ces lèvres cette parole si vive, si prompte, et cependant si maîtresse d'elle-même ; il ne lui laissa que le cœur, qui continuait à vivre et à battre pour vous. O sommeil vraiment douloureux, mêlé jusqu'aux derniers moments de ces brusques mouvements, de ces clartés soudaines, de ces élans de l'âme où M. l'abbé Frayhier se retrouvait tout entier ! On voyait alors que sa paroisse lui était toujours présente et que vous demeuriez le premier, l'unique objet de sa tendresse. Tant qu'il lui resta des forces, il voulut les mettre au service de Dieu et de son troupeau. Vous l'avez vu, se traînant à peine, venir encore célébrer la sainte messe à l'heure marquée. C'est dans l'accomplissement de ce devoir que sa dernière maladie l'a surpris. C'est sur le chemin de ce temple que la mort est venue comme le frapper sur l'épaule, pour l'obliger à s'enfermer dans sa demeure et à s'y préparer à la suprême visite. Quelle année de cruelle attente pour sa paroisse et pour lui-même ! Ceux qui l'ont vu dans sa chambre de malade savent avec quel sourire ils étaient accueillis, et comme le geste, la main, l'expression du visage, suppléaient à la parole, devenue rebelle. Ah ! n'en doutez pas, Dieu comptait, dans sa miséricorde, ses épreuves et les vôtres. Il voulait, par la souffrance, achever d'épurer cette grande âme ; il voulait vous rendre la pratique de la religion plus méritoire, en vous abandonnant davantage aux conseils et aux inspirations de votre foi. En vain la maladie vous séparait de votre pasteur ; vous ne cessiez de réclamer ses soins et de vous plaindre de son absence : c'était le cri de votre religion. Puis, quand tout fut consommé [1], l'affection, le respect, la reconnaissance, éclatèrent autour de son lit de mort : c'était l'expression d'une douleur sincère et vraiment filiale. Quelle unanimité dans vos sentiments ! quelle pompe dans ses obsèques ! quels témoignages de la part de toutes les classes de la société, autour de ce cercueil devenu comme un char de triomphe ! Ah ! l'étranger qui, ce jour-là, aurait traversé vos rues et vos places, voyant les magasins fermés, toute la ville en deuil, tout le peuple dans le cortége, n'aurait pas eu besoin de demander à qui l'on rendait ces derniers devoirs. C'était, à n'en pas douter, le spectacle d'une bonne paroisse ; c'étaient les obsèques du bon pasteur.

Puisqu'il a fallu me faire l'interprète de vos sentiments, je veux achever ma tâche, et, prenant la parole pour tous, adresser à M. l'abbé Frayhier, au nom de son peuple, au nom de ses confrères et de ses amis, au nom de la patrie en deuil, les adieux de l'espérance chrétienne.

Reposez en paix, vénérable pasteur, dans cette terre où vous avez conduit pendant vingt-quatre ans la dépouille mortelle de vos chers paroissiens, et où vous avez si souvent promis à leurs restes la splendeur et la gloire de la résurrection éternelle. Là dorment les Sirebon et les Barbier, victimes de leur charité et de leur dévouement pendant les jours de la première invasion. Ils sont tombés, comme des soldats, sous le drapeau, en prodiguant aux malades qui s'entassaient dans nos hospices les secours de leur divin ministère ; ils ont enseigné à leurs successeurs comment le prêtre donne sa vie pour ses brebis. M. Jeanney a recueilli cette belle leçon, et il s'est donné, avec un zèle incomparable et un parfait dévouement, à la génération suivante. Il a tout donné, son temps, ses forces, son argent, ses sueurs, et un an après avoir quitté cette paroisse, où il avait laissé toute son âme, il y est revenu, comme s'il se fût repenti de l'avoir quittée, pour lui rapporter tout ce qui lui restait au monde, son corps et son cercueil. Auprès de cette tombe, la reconnaissance publique en aurait voulu élever une autre. M. Grivet nous avait, pendant sept ans, instruits et charmés par sa parole, édifiés et nourris par sa charité. C'est Quingey, c'est la terre natale, qui lui a fait une place choisie dans le champ du repos ; mais cette ville, mais cette église, mais vos maisons et vos familles, sont encore remplies de son nom, et sa mémoire demeure en bénédiction parmi les pauvres.

Voilà ceux qui sont entrés avant vous dans le repos du Seigneur, ceux

[1] Le 25 juin 1870.

dont vous avez recueilli l'héritage, suivi les exemples, agrandi et perpé-
tué les bonnes œuvres. Oh ! qu'il est consolant de vivre et de mourir à une
telle école ! Qu'il est doux de reposer auprès d'eux dans cette antique
chapelle, le plus ancien monument de la piété de nos pères, le témoin
de notre foi et de notre dévotion envers les morts. Vous habitez maintenant cette demeure sombre où votre corps se rajeunit en tombant en
poussière, s'apprête à se revêtir d'une gloire incorruptible et mûrit pour
l'immortalité. Adieu, pasteur bien-aimé, adieu ! Beaucoup de ceux qui
vous survivent envient votre sort et l'appellent du bonheur. Vous êtes
heureux, ô notre père, vous reposez en paix !

Vous reposez en paix, et nous, vos confrères, vos amis, vos enfants,
nous séchons d'inquiétude et de douleur dans les angoisses sacrées de la
patrie déchirée et mise en lambeaux ! Ah ! quel bienfait que d'avoir été
retiré de ce monde à la veille de nos grandes catastrophes ! Comme le
Seigneur est admirable dans ses desseins ! Avec quelle miséricorde il appelle à lui ceux qui sont mûrs pour le ciel, dans ce moment fatal où il va
lâcher les grandes eaux de l'abîme et déchaîner sur le monde les fléaux
ministres de sa colère ! Je vous prends à témoin, vous tous qui m'écoutez,
M. Frayhier avait toutes les susceptibilités délicates, toutes les nobles
jalousies d'une grande âme. Après Dieu et l'Eglise, il aimait la France
d'une affection passionnée et généreuse, il avait un cœur tout français.
Quelle douloureuse épreuve le Ciel lui a épargnée ! Grâce à Dieu, il n'a
point vu la victoire déserter nos drapeaux, l'ennemi triomphant, le sol
envahi et désolé, et cette aigle étrangère, au vol hardi, aux serres rapides,
mesurer du regard notre fière province, cherchant, pour l'envahir, les
routes perdues et les sommets abrupts de nos chères montagnes, que
nos jeunes soldats défendent depuis deux mois avec tant de courage
et d'habileté. Son cœur se serait fondu de douleur au milieu de nos
patriotiques alarmes ! Et sa voix éteinte aurait retrouvé des cris per-
çants pour élever vers Dieu, au nom de la France, au nom de sa paroisse,
l'expression de la détresse publique et du repentir national. Mais, ce n'est
pas pour le rendre insensible à nos malheurs que le Seigneur l'a rappelé
à lui, c'est pour qu'il prie et qu'il intercède en notre faveur, c'est pour
qu'il sauve sa chère paroisse des douleurs et des fléaux de l'invasion
étrangère, c'est pour qu'il presse, qu'il insiste, qu'il supplie à cette heure
décisive où l'ennemi n'a plus qu'un pas à faire sur notre territoire. Vous
le voyez d'assez près aujourd'hui : c'est Dieu seul qui peut mettre enfin
une borne à ces flots envahisseurs ; Dieu seul qui peut leur dire, en leur
marquant du doigt les limites de sa justice : « Tu n'iras pas plus loin ! »

Ah ! tremblez de ne pas comprendre cette grande leçon ! Tremblez d'appeler du nom de sauveur ceux à qui Dieu n'a pas donné de sauver la France, parce qu'ils sont indignes de ce grand rôle. Ecoutez ce que le Seigneur vous dit : « Votre salut, c'est moi. *Salus tua ego sum, dicit Dominus.* Arrière ! arrière ceux qui me blasphèment ou qui m'oublient ! Il faut, pour venger les injures de la patrie, un esprit droit, un cœur noble, des mains et des lèvres pures. Ah ! tremblez de m'irriter encore. Il n'y a qu'un Sauveur, c'est Dieu : *Salus tua ego sum !* »

Laissez-moi donc terminer ce discours avec cette patriotique espérance ; laissez-moi vous dire, en quittant cette chaire, en faisant mes adieux à ce tombeau, qu'après tant d'angoisses et de perplexités, Dieu, j'en ai la confiance, ne vous abandonnera pas aux mains de l'ennemi. Les saints Ferréol et Ferjeux ont été appelés au secours de Besançon et de toute la province. J'appelle à mon tour saint Martin et saint Sulpice, les patrons de cette paroisse ; saint Vincent, si cher encore à nos vignerons ; saint Germain, dont les reliques reposent dans ces murs depuis tant de siècles, et qui a tant de fois ôté aux ennemis, tantôt la pensée, tantôt le temps, tantôt les moyens de nuire à vos ancêtres. Et vous tous, prêtres et pasteurs de cette paroisse, dont j'ai rappelé les noms dans ce discours, et vous qui venez d'être introduit à leur suite dans la glorieuse immortalité, allez, je vous en conjure, puisque votre âme, délivrée des liens du corps, n'a plus rien qui la retienne ni qui lui pèse, prenez les ailes de l'amour divin, déployez-les dans ce merveilleux séjour que vous habitez, allez aux quatre coins de la cité lumineuse, cherchez nos intercesseurs et nos amis, amenez avec vous, auprès du trône de Jésus-Christ, les anges gardiens de la cité, les saints protecteurs de la paroisse ; suppliez avec eux, par des gémissements inénarrables, le Père des miséricordes ; obtenez enfin pour cette terre que vous avez aimée et qui vous vénère encore, merci, grâce, pitié, pardon ! Que cette terre demeure française et que votre cœur repose à jamais sous les plis du drapeau que vous avez béni de vos mains pastorales. Que la victoire d'Orléans nous présage et nous assure celle de Paris ! Dieu de nos pères, je vous en conjure par le sang de Jésus-Christ, que la main de ces prêtres a tant de fois épanché sur cet autel, rendez le repos à leurs cendres troublées, à notre armée la gloire, à la France son rang parmi les nations, au pape sa couronne et sa liberté, à l'Eglise la paix, au monde entier la joie d'apprendre, de redire et de chanter cette bonne nouvelle. Ainsi soit-il.

BESANÇON, IMPRIMERIE DE J. JACQUIN.